Catherine Gaudet

Garfield

ALBUM GARFIELD #2

PRESSES AVENTURE

Publié par **Presses Aventure,** une division de
Les Publications Modus Vivendi inc.

5150, boul. Saint-Laurent, 2e étage
Montréal (Québec)
Canada
H2T 1R8

Conception de la couverture : Marc Alain
Infographie : Modus Vivendi
Version française : Jean-Robert Saucyer

Dépôt légal, 1er trimestre 2004
Bibliothèque nationale du Québec
Bibliothèque nationale du Canada

ISBN : 2-89543-141-8

Nous reconnaissons le soutien financier du gouvernement du Canada par
l'entremise du Programme d'aide au développement de l'industrie de l'édition
(PADIÉ) pour nos activités d'édition.

Gouvernement du Québec – Programme de crédit d'impôt pour l'édition de
livres – Gestion SODEC

Six manières de savoir si vous êtes obèse

QUELQU'UN TENTE D'ESCALADER
VOTRE VERSANT NORD

IL VOUS PREND L'ENVIE
PRESSANTE DE BROUTER

LA NASA MET UN SATELLITE
SUR VOTRE ORBITE

VOTRE PORTRAIT EST AFFICHÉ À
L'ENTRÉE DE TOUS LES BUFFETS

QUAND VOUS ALLEZ À LA
PLAGE, LA MARÉE MONTE

LA COMPAGNIE DE TÉLÉPHONE
VOUS ASSIGNE VOTRE PROPRE
CODE RÉGIONAL

UNE LETTRE DE MAMAN, GARFIELD

RIEN NE REQUINQUE AUTANT QUE DES NOUVELLES DE LA FAMILLE!

CHER JON, LA POULE EST MORTE...

D'ENNUI, SANS DOUTE

QU'EST-CE QUE JE M'ENNUIE!

HÉ! GARFIELD, ALLONS AU MAGASIN ESSAYER DES CHAUSSETTES

CHAQUE FOIS QUE J'ESTIME ÊTRE AU PLUS CREUX, QUELQU'UN M'ENFONCE DAVANTAGE!

ODIE RÉSULTE D'UN CROISEMENT...

SA MÈRE ÉTAIT UN BEAGLE

ET SON PÈRE, UNE ANDOUILLE!

BIEN TERMINÉ, LES GARÇONS?

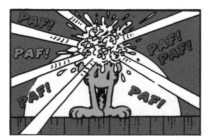

UN SUCRE OU DEUX?

DÉCIDER, DÉCIDER, ENCORE DÉCIDER! DÉCIDÉMENT, JE DOIS TOUT FAIRE!

GARFIELD, JE PENSE AVOIR PERDU MON IDENTITÉ

SOTTISES! JE VAIS T'AIDER À LA RETROUVER

PERSONNE NE M'ÉCOUTE

BIEN CE QUE JE CROYAIS! DANS LE COMPACTEUR À DÉCHETS...

PERSONNE NE ME RESPECTE!

AVEC TA DIGNITÉ ET TON INTELLIGENCE!

JON, ON ANNONCE À LA TÉLÉ QUE DES ARAIGNÉES GÉANTES ENVAHISSENT LA VILLE!

ET QU'UN RAZ-DE-MARÉE VA BIENTÔT NOUS SUBMERGER!

DES BRIOCHES À LA CANNELLE?

SNIF! SNIF! CES CROQUETTES FLAMBÉES DÉGAGENT UN FUMET INVITANT

AÏE! MA CRAVATE A PRIS FEU!

DÉSIREZ-VOUS UN AUTRE DRINK, MA CHÈRE?

NON, JON. SI J'AI ENVIE D'UN AUTRE SHIRLEY TEMPLE, JE LÈCHERAI VOTRE CRAVATE

INCROYABLE! J'AI FAIT PASSER MES VERRES DE CONTACT DANS LES TOILETTES!

ÇA ME SEMBLE PLAUSIBLE

ET JE N'AI PLUS QUE MES LUNETTES DE SOLEIL...

ÇA VA, JON. VOUS AUREZ LE LOOK CONTINENTAL

ON DIRAIT UN MALADE EN SKI

JE CRAINS QU'IL VOUS FAILLE VOUS EN ALLER, MONSIEUR

POURQUOI CELA? AI-JE COMMIS UN IMPAIR?

NON, MONSIEUR

ALORS?

CHAQUE MINUTE, VOUS ENFREIGNEZ UN PEU PLUS NOTRE CODE VESTIMENTAIRE

PUIS-JE RESTER?

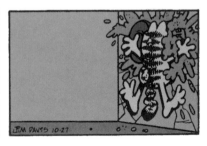

PAR OÙ EST-ELLE PASSÉE?

PAR LÀ!

SIMPLE CURIOSITÉ

JE DÉTESTE AVOIR DES INVITÉS

D'ABORD, ILS PROFANENT MA GAMELLE D'EAU...

ENSUITE ILS S'ATTENDENT À ÊTRE REMORQUÉS

NE CRAINS RIEN, JON. AUCUNE SOURIS NE METTRA LA PATTE SUR TON FROMAGE TANT QUE JE SERAI LÀ!

NON, M'SIEUR!

EUF!

IL FAUT ME RASER

BZZZZZZZ

HÉ, MINUTE!

QU'Y A-T-IL?

J'AI OUBLIÉ QUE JE SUIS UN CHAT, D'ACCORD?

IL FAIT BON PRÈS DU FEU, GARFIELD?

OUAIS!

SI SEULEMENT NOUS AVIONS UN FOYER!

GARFIELD, POURQUOI LES FEMMES ME FUIENT-ELLES?

HÉ! C'EST MA TASSE TOTO LE CLOWN!

POUF!

DONNE-LA-MOI! DONNE-LA-MOI!

JE PENSE AVOIR CERNÉ TON PROBLÈME

JE ME SOUVIENS DE MON PREMIER BAISER

EDNA RASNICK... SOUS SON PORCHE... UN SOIR DE PLEINE LUNE... LE MOMENT TANT ATTENDU! NOUS NOUS SOMMES EMBRASSÉS...

NOS PROTHÈSES DENTAIRES SE SONT COINCÉES... ELLE A CRIÉ...

ÇA ME SEMBLE PLAUSIBLE

CINDY, JON À L'APPAREIL! DES QUESTIONS À ME POSER AVANT NOTRE PREMIER RENDEZ-VOUS?

EUH, 1,85 M... 78 KG... ROUGE... DÉCAFÉINÉ... AU CHOCOLAT... SANS PLOMB...

MON DOSSIER DENTAIRE?

"QUEL EST TON SIGNE?" EST EN PERTE DE VITESSE

DÉJÀ ENTENDU PARLER DE LA FONTAINE DE JOUVENCE?

SSST

C'EST CE QUI S'EN RAPPROCHE LE PLUS!

VOYONS CE QUE JON A NOTÉ DANS SON JOURNAL...

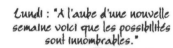

Lundi : "À l'aube d'une nouvelle semaine voici que les possibilités sont innombrables."

Mardi : "Aujourd'hui ma cravates est restée coincée dans le broyeur à déchets."

GARFIELD, POURQUOI SUIS-JE SUR TERRE?

QUELLE EST MA RAISON D'ÊTRE?

FLOUP!

POUR DONNER ESPOIR À AUTRUI?

TU ES UN EXCENTRIQUE, GARFIELD

NOUVELLE COUVERTURE!

CHACUN A SON PASSE-TEMPS

CERTAINS PILOTENT DES BOLIDES, D'AUTRES COLLECTIONNENT LES TABLEAUX...

D'AUTRES ENCORE FONT DES RÔTIES

OUI-DA!

BOOONG!

SAIS-TU QUE LE CERVEAU EST UN MUSCLE?

PAS POSSIBLE!

DEVINE COMMENT JE ME TIENS EN FORME?

LES MOTS CROISÉS?

LE DESSIN AU POINTILLÉ!

UN VÉRITABLE INTELLECTUEL!

GARFIELD, OÙ EST
PASSÉE LA NEIGE?

JE M'EN
SUIS SERVI

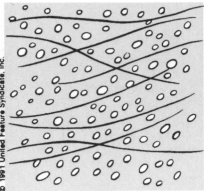

PUIS-JE AVOIR UN ENTRETIEN AVEC LE TIREUR FOU?

© 1991 United Feature Syndicate, Inc.

1-9-92

FAIS VITE GARFIELD, J'AI DES CRAMPES!

ROULE, ROULE, ROULE!

ET JE COMMENCE À GELER!

ON NE BRUSQUE PAS UN ARTISTE, PLEURNICHEUR!

QU'EST-CE QU'IL NE FAUT PAS FAIRE POUR SON CHAT!

CESSE DE BOUGER!

1-10-92

VOICI MON INVENTION POUR TOUS LES MALVEILLANTS IMBUS DE POLITESSE...

GARFIELD!

LA BOULE DE NEIGE "BIEN LE BONJOUR!"

© 1991 United Feature Syndicate, Inc.

YAWN

MÊME APRÈS UNE LONGUE NUIT DE SOMMEIL, JE M'EN-DORS ENCORE.

REMARQUEZ, JE NE M'EN PLAINS PAS!

ENFIN! MON LIT.

HEUREUSE PERSPECTIVE QUE DE TAPER UN ROUPILLON!

JE LUI AI CONSEILLÉ UN PEU PLUS ENTHOUSIASM DANS LA VIE

Z

J'AI DÉJÀ VU CE LIVREUR DE PIZZA QUELQUE PART.

LA BOÎTE EST VIDE!

GARFIELD!

T'AS OUBLIÉ LE POURBOIRE.